¡Sssssshhhhhhhhhh!

Haz del teatro algo íntimo

Llévalo siempre en el bolsillo

Cubierta y diseño editorial: Éride, Diseño Gráfico
Dirección editorial: ángel jiménez
Imagen de cubierta: AGENCIA L&rL

Primera edición: septiembre, 2025

rey de Marte. (El 18 de Brumario de Ricardo III)
© Carlos Atanes
© VdB, 2025
Espronceda, 5
28003 Madrid

VdB®

ISBN: 979-13-87644-41-3
Depósito Legal: M-20489-2025
Diseño y preimpresión: Éride, Diseño Gráfico

 Este libro protege el entorno

rey de Marte
(El 18 de Brumario de Ricardo III)

Carlos Atanes
(Barcelona, 1971)

Dramaturgo, escritor y cineasta de dilatada trayectoria cuenta con un repertorio de más de veintiocho textos teatrales, de los cuales veinticuatro han sido estrenados en España e Hispanoamérica, como *La cobra en la cesta de mimbre*, *El hombre de la pistola de nata*, *Secretitos*, *El Triunfo de la Mediocridad*, *La quinta estación del puto Vivaldi*, *La línea del horizonte*, *Un genio olvidado - Un rato en la vida de Charles Howard Hinton* o el drama *Antimateria*... entre otros.

Su obra se caracteriza por la diversificación de géneros y estilos, el humor negro y un uso extraordinario del lenguaje. Todo ello contribuye a hacer de él un autor único, versátil y polifacético.

Además de textos teatrales, Carlos Atanes ha publicado ensayos —*Demos lo que sobre a los perros*, *Magia del caos para escépticos*, *Filmar los sueños...*— y novelas —las más recientes son *Querida - Vom Leid und der Selbstermächtigung einer Puppe*, en colaboración con el dibujante Jan van Rijn, y *Perplejidad - Aleister Crowley en la Boca del Infierno*, ambas publicadas en 2024—.

CARLOS ATANES

rey de Marte
(El 18 de Brumario de Ricardo III)

Personajes

Sobre el escenario

Richard RICARDO

(Buckingham) BUCKY

RICHMOND

Ana NEVILLE

En la pantalla de vídeo

PRESIDENTA de York Media Group

I

*Una fuerte ventisca ruge en una oscuridad casi
absoluta, solo machada por un leve resplandor
rojizo. En la lejanía resuena una voz.*

RICARDO   ¡Un caballo, un caballo! ¡Mi reino por un caballo! ¡Mi reino por un caballo!

(Con lentitud se hace la luz sobre RICARDO, *hun-
dido en un sillón, somnoliento. Respira con di-
ficultad, ayudado por una mascarilla de oxígeno.)*

BUCKY   ¿Lo recuerdas?

RICARDO   Sí, lo recuerdo. Mi reino por un caballo. Aún
lo digo. Lo diré siempre. Quiero un caballo,
quiero cabalgar por esa llanura.

BUCKY   ¿Para huir? No hay adónde.

RICARDO   Para huir no, para batirme. Quiero un caballo para dar estatura a mi lanza.

BUCKY   Una lanza térmica.

RICARDO   Una lanza con la que atravesar el cuello de quienes me acosan.

BUCKY   Recuerdas un acoso.

RICARDO   ¿No lo era, acaso?

BUCKY   Quizá fuera un rescate. ¿No te lo has planteado?

RICARDO   Dos lunas proyectan una sombra doble. Elige tú una sola si quieres, la que prefieras. Yo también lo haré. Las sombras que yo vi, las que yo vi, venían a matarme. ¿A qué, si no?... ¿Hueles este aire?

(Lentamente se hace también la luz sobre BUCKY, *sentado en un rincón, con unos papeles sobre las rodillas.)*

BUCKY   Lo huelo. ¿Qué le pasa?

RICARDO   Apesta a muerte.

BUCKY   ¿Sí?... A mí no me lo parece.

RICARDO   Respiramos vaho de cadáveres. Todos. Tú también, aunque no te des cuenta.

BUCKY   Tal vez tengas un olfato muy fino. En cualquier caso tu obsesión con la muerte es llamativa. Vuelves siempre a ella cuando hablas.

RICARDO   Me gustaría hablar menos. Hablo demasiado. Debería decir más hablando menos, o al contrario. Hay cosas, la mayoría, que no deberían ni merecen ser dichas. Nos extraviamos con facilidad en el laberinto de las palabras. Y, sin embargo… ¿Estás haciendo crucigramas? Estoy hablando y tú…

BUCKY   Te estoy prestando atención.

RICARDO   Desde tu minúsculo laberinto de letras. Por más atención que pusieras no alcanzarías a entenderme.

BUCKY   Déjame a mi aire pues.

RICARDO   Sí, el aire… De eso se trata. Inspiramos cadaverina.

BUCKY   Un pensamiento muy tenebroso. Y recurrente.

RICARDO   No hay otra, es lo que hay.

BUCKY   Ah, sabes lo que hay. Eres consciente. Buena noticia.

RICARDO   ¿Dónde estamos?

BUCKY   ¿Tanta lucidez pero no te ubicas?

RICARDO   Tú sabes cosas que yo ignoro.

BUCKY   Y viceversa.

RICARDO   Por supuesto.

BUCKY   Te propongo algo. Dime lo que no sé y yo te diré lo que no sabes.

RICARDO   Hete ahí el acoso.

BUCKY   Terapia.

RICARDO   No advierto la diferencia.

BUCKY   Pues el matiz es importante.

RICARDO   El abuso de poder aplana los matices. Me pregunto si una demora lo bastante prolongada dará con mis huesos en un potro de tortura. Todavía peor que este, quiero decir.

BUCKY   ¿Estás incómodo?

RICARDO   Menos lo estaría sabiendo dónde estoy.

BUCKY   Podría decírtelo, pero ¿qué ganaría diciéndotelo? Y, aún peor, ¿qué ganarías tú?… El lugar en sí, tu ubicación concreta, el hecho físico, no tiene importancia. Es un dato que no suma ni resta. Pero llegar a ese dato, la forma en que se llega, avivar el recuerdo o desactivar la mentira, sí sería relevante. Por eso te dejo a ti la tarea.

RICARDO   ¡Tarea! ¿Tú decides qué es y qué no es relevante? Alma cándida. Solo en dormir pienso aplicarme.

BUCKY   Como gustes.

(RICARDO *se duerme. Entra* RICHMOND. BUCKY *se levanta de la silla.*)

RICHMOND   ¿Algún progreso?

BUCKY   Ahora habla.

RICHMOND   Ya hablaba antes.

BUCKY   Repetía una frase.

RICHMOND   Esa maldita frase que ha llevado a dos hombres a la enfermería. Opuso una resistencia sorprendente en un hombre de su constitución. El vigor de una bestia salvaje. Producto de la demencia, supongo. ¿Un caballo, dice?... ¿Un caballo? Pero, ¿qué delirio le empujaría a actuar de esa forma? ¿Se vería a sí mismo como una especie, no sé, de *cowboy*?

BUCKY   Un forajido perdido en el desierto de Arizona. El símil es razonable.

RICHMOND   Nada razonable vislumbro en ese hombre todavía. ¿Así que ahora habla?

BUCKY   Por los codos. Tanto que incluso parece arrepentirse de no callar.

RICHMOND Ha recuperado la conciencia, entonces. ¿También el vigor? ¿Tendremos que atarle? No quiero más heridos, Bucky.

BUCKY Preferiría amordazarle, no soporto sus ronquidos. Ni sus canturreos.

RICHMOND ¿Canturreos?

BUCKY Como los de alguien muy borracho. Son exasperantes.

RICHMOND Está sedado, supongo.

BUCKY Con una dosis fuerte. Aun así despierta de vez en cuando, y habla.

RICHMOND ¿Y qué dice?

BUCKY Cosas sin sentido. Divagaciones sobre las sombras que proyectan las dos lunas y la fetidez de los cadáveres. No está atontado por completo, razona con una lucidez extraña. Pero asegura desconocer qué lugar es este. Es imposible discernir dónde acaba la amnesia y empieza la comedia en su discurso. El alcance de la conmoción no está claro todavía.

RICHMOND Como nada de lo que ocurre en este agujero. ¿Sabes qué he llegado a pensar? Que la bruma que nos envuelve desde que llegamos es algo más que una tormenta de arena. Se diría que la guía un propósito, que se ha propagado con la intención de cegarnos, como una espesa mancha roja. ¿Dices no soportar los suaves ronquidos de ese hombre? Yo no soporto el silbido de la ventisca. Suena a burla macabra. Puede hacer perder la cabeza a cualquiera.

BUCKY   No es un buen lugar. No deberíamos estar aquí.

RICHMOND   Alguien tiene que averiguar qué ha pasado.

BUCKY   No me refiero a eso. Se veía claro desde un principio que esto no iba a acabar bien. Lo dije en su día pero nadie quiso escucharme. Hay fronteras naturales que no deben cruzarse. Este no es lugar para nosotros. Lo mejor que podríamos hacer es echar el cierre, irnos a casa y no regresar nunca. Ni nosotros ni nadie.

RICHMOND   No es una decisión que nos competa.

BUCKY   Lo sé.

RICHMOND   A lo máximo que podemos aspirar es a largarnos cuanto antes. Resolvamos el caso ya y salgamos de aquí. No está en nuestra mano indicarle a la humanidad el camino a seguir. Y especular en ese terreno nos distrae de nuestro deber. Centrémonos en lo que hemos venido a hacer.

BUCKY   Por supuesto.

RICHMOND Eso incluye cualquier pasatiempo.

BUCKY Claro.

(BUCKY *dobla el crucigrama y lo guarda en un bolsillo.*)

RICHMOND Escucha, ¿por qué no le dices dónde estamos?

BUCKY No me fío de él.

RICHMOND ¿De verdad crees que sus delirios son fingidos, que su amnesia es una patraña?

BUCKY Ante la duda prefiero no ponérselo fácil. Observando su evolución y los derroteros que sigue su pensamiento quizá consigamos esclarecer algo.

RICHMOND Sí, eso estaría muy bien. Pero no disponemos de tanto tiempo. La segunda remesa viene de camino. Y el programa no puede sufrir más retrasos. (*Entra la doctora* NEVILLE *por el lado opuesto por el que entró* RICHMOND.) ¡Doctora. Neville! Llegas en el momento justo. Estaba a punto de mencionarte.

NEVILLE Pero ¿es que aquí nunca brilla el sol?

BUCKY Las tormentas son gigantescas. Comienzan de repente, sin previo aviso, hasta cubrir millones de kilómetros cuadrados. Pueden mantenerse horas, días o incluso meses. Pero cuando menos te lo esperas cesan de golpe, sin explicación alguna. Es imposible prever cuánto durará esta.

NEVILLE   Duerme otra vez.

BUCKY   Es la sedación.

(*La doctora* NEVILLE *se acerca a* RICARDO *y le observa unos instantes.*)

NEVILLE   Me suena su cara. Le recuerdo entre los preseleccionados. ¿No podemos despertarle? Es la única persona que sabe qué ha pasado.

BUCKY   Despertará.

NEVILLE   Despiértale ahora.

BUCKY   No. Forzar el tratamiento podría tener consecuencias impredecibles. Un nuevo episodio de furia incontrolada, por ejemplo. No queremos eso.

NEVILLE   ¿Richmond?

RICHMOND   Estoy de acuerdo, no ayudaría. No sabemos qué ha ocurrido en los últimos once meses. Cualquier acontecimiento inimaginable puede haberle traumatizado. Necesitamos un testimonio congruente, no las convulsiones de un perturbado.

NEVILLE   Lo que necesitamos es un testimonio. El que sea.

RICHMOND   De momento tenemos otros asuntos en los que ocuparnos: continuar la búsqueda de supervivientes y restablecer las comunicaciones.

NEVILLE   Están restablecidas. He venido a decírtelo.

RICHMOND   ¿Ya, tan rápido?

NEVILLE   Sí, he enviado un primer aviso a York. Dentro de unos seis minutos llegará la respuesta. La tormenta provoca interferencias, pero contra eso no podemos hacer nada.

RICHMOND   ¿Y la avería? ¿No era grave?

NEVILLE   ¿Qué avería?

RICHMOND   ¿En qué estado se encontraba la emisora?

NEVILLE   Intacta. Como si la hubieran desempaquetado ayer.

RICHMOND   Pero ¿entonces? No lo entiendo.

NEVILLE   Solo estaba apagada.

RICHMOND   ¿Estás diciendo que esta gente ha permanecido once meses incomunicada solo porque alguien pulsó un interruptor? ¿Y ya está?

(*Permanecen en silencio unos segundos. No tienen respuesta para eso.*) ¿Somos visibles ahora? ¿Has reactivado las cámaras que hay dentro de la colonia?

NEVILLE   No, me dijiste que esperara.

RICHMOND   Sí, mejor esperar. Ya las reactivaremos cuando todo esté controlado y llegue la segunda remesa de colonos. Pero York preguntará por qué no damos luz verde a la emisión multicámara.

NEVILLE   Me he adelantado. En el mensaje les he dicho que todavía estaba solucionándolo.

RICHMOND   Bien hecho. Respuesta en seis minutos… Necesito un café. Avisadme si el loco despierta o llegan noticias del equipo de rastreo. Voy a la emisora. Veamos qué nos reserva el oráculo.

(RICHMOND *sale.*)

NEVILLE   Noticias del equipo de rastreo…

BUCKY   Mantén la esperanza, Ana.

NEVILLE   Hemos inspeccionado palmo a palmo la red de conductos y levantado las planchas del suelo.

BUCKY   Quizá en…

NEVILLE   Hemos mirado hasta en el interior de los depósitos de agua. Se han ido todos. Y nadie puede sobrevivir en el exterior más de unas pocas horas.

BUCKY   Sí, pero olvidas que falta un *rover*. Un *rover*. Alguien se lo llevó. Piénsalo. Aún queda una posibilidad.

NEVILLE   ¿Un milagro?... Dios mío, quiero creer que sí.

(BUCKY *toma los antebrazos de* NEVILLE.)

BUCKY   Localizaremos a tu padre. Encontramos a ese tipo, ¿no? Trotando por la llanura, en medio de la tormenta de arena. ¿Por qué iba a ser el único?

NEVILLE   Tienes razón. Gracias, Bucky.

BUCKY   Tu padre es el hombre más inteligente que conozco. No habrá echado a andar, sin más, hacia el horizonte. Si, por el motivo que fuera, algo enloqueció a todo el mundo me juego el pescuezo a que tu padre logró permanecer sereno a pesar de las circunstancias. Su sentido de la responsabilidad le impediría cometer una insensatez. Jamás daría un paso en falso teniendo vidas humanas a su cargo. Es tu padre, le conoces bien.

NEVILLE   Es cierto. Nunca le he visto perder los nervios, la presión no le afecta. Al contrario, le

agudiza el instinto. Sabe cómo salir de un ato-
lladero. Si hay una sola posibilidad de sobrevivir en una situación imposible, él la verá antes
que nadie.

BUCKY   Así es. Por eso estaba al mando. Tu padre fue
elegido por unanimidad.

NEVILLE   ¿Sabes? Me alegré tanto cuando le escogie-
ron… Lloré mucho, sentí miedo y también
una pena infinita, pero a la vez me alegré por
él. Sabía que estaba haciendo realidad su mayor sueño. Le abracé fuerte el día de la parti-
da. Tendría que haberle abrazado más fuerte
aún. Y decirle que…

BUCKY   Tendrás oportunidad de decírselo.

NEVILLE   Quiero hacerlo. Cuanto antes. Yo no soporto
la presión tan bien como él. Si no le encontramos pronto me volveré loca.

BUCKY   Tranquilízate, deja al equipo hacer su trabajo. Están peinando el terreno. Confía en ellos.

NEVILLE   ¿Y el satélite?

BUCKY   El satélite no servirá de nada mientras dure la
tormenta.

NEVILLE   Damos palos de ciego.

BUCKY   Hacemos todo lo posible.

NEVILLE ¡No! Cada segundo es decisivo. El equipo de rastreo se mueve en espiral sin ninguna referencia concreta. Si de verdad queda una posibilidad de encontrar a mi padre y a los demás con vida la estamos perdiendo. Llegaremos tarde. Hay que apostar, apuntar hacia algún sitio. Pensar qué hubiera hecho él. ¿Qué hubieras hecho tú en su lugar?

BUCKY No lo sé. Ni siquiera sé por qué abandonaron la colonia. ¿Cómo voy a imaginar una decisión desconociendo la causa?

NEVILLE ¡Pero hay una circunstancia! Una tormenta infernal.

BUCKY Que estalló al llegar nosotros.

NEVILLE Precisamente.

BUCKY La tormenta no explica que se fueran. Pero sí, quizá, que no hayan vuelto. Vientos de doscientos kilómetros por hora y polvo abrasivo.

NEVILLE Buscarías un refugio.

BUCKY En la planicie no, desde luego. Una caverna… o una zanja.

NEVILLE Una zanja gigantesca. La tenemos enfrente.

BUCKY   Voy a contactar con el equipo. Les diré que dejen lo que estén haciendo y se dirijan al cañón ahora mismo.

(BUCKY *aprieta el brazo de* NEVILLE. *Está a punto de decirle algo, pero no lo hace. Sale.* NEVILLE *se acerca a* RICARDO *y permanece de pie frente a él, contemplando cómo duerme plácidamente. Pero a medida que el tiempo avanza el sueño de* RICARDO *se va alterando, al comienzo casi imperceptiblemente. Después, como si la mirada persistente de* NEVILLE *produjera un agravamiento de las pesadillas,* RICARDO *se agita, murmura y acaba retorciéndose entre lamentos ininteligibles. Justo en el momento en que la angustia se transforma en un grito de terror, la luz se apaga.*)

II

Una gran pantalla muestra una transmisión con interferencias, la respuesta del control —eso que a Richmond *le gusta llamar el «oráculo»—. En primer lugar aparece el logotipo de York Media Group. Después la pantalla encuadra una larga mesa de juntas con accionistas sentados a ambos lados, mirando a cámara. Al fondo, en el centro de la imagen, la* Presidenta *de la compañía.*

Presidenta ¡Qué maravilla, el entusiasmo nos embarga! ¿No es así, caballeros? Por fin se ha restablecido la comunicación. Señor Richmond, no podemos verle, pero estamos seguros de que estará ahí escuchándonos. Antes de nada queremos felicitarle a usted y al resto de miembros de la expedición por haber concluido con éxito la primera fase de la operación. Este tipo de empresas nunca está exenta de riesgos y es inevitable sentir una lógica preocupación por las contingencias imprevistas. Ahora que este intercambio de emisiones elimina cualquier duda al respecto ya podemos respirar tranquilos y felicitarle. ¡Buen trabajo, señor Richmond! (*La* Presidenta *y resto de miembros de la Junta aplauden.*) Asimismo nos vemos obligados a templar nuestro júbilo. No me malinterprete, señor Richmond, no entrevea en mis palabras una crítica a su gestión, que hasta el momento juzgo irreprochable. Y diciendo esto creo estar hablando por todos, ¿no es cierto, caballeros? Pero el informe de la doctora Neville acerca del estado de la colonia es desalentador. Por supuesto no me refiero al funcionamiento de las cámaras, sabemos que ese ligero contratiempo hallará rápida solución. No, es otro asunto el que nos intranquiliza. El paradero de los colonos, salvo uno, sigue siendo un enigma. Y lo que es aún peor: se desconocen las causas de tan insólita contrariedad. Por lo que hemos podido entender, el individuo superviviente no coopera debido a algún tipo de indisposición. Le rogamos, señor Richmond, que acelere las indagaciones en la medida de lo posible. Nos hacemos cargo de la complejidad del asunto, pero confiamos plenamente en usted y en su capacidad resolutiva. Use todos los medios a su alcance. Esta compañía no podría permitirse un nuevo fiasco. (RICHMOND *entra con una taza de café en la mano. Cruza tranquilamente por delante de la pantalla y se detiene frente a ella, sin dejar de mirarla.*) Los once meses de incomunicación con la colonia han supuesto un duro golpe. Al perjuicio evidente derivado del cese en las emisiones, la cancelación de derechos de antena y el derrumbe de los ingresos publicitarios hay que sumar la depreciación de nuestras acciones en el mercado secundario. Las pérdidas rondan ya los cien mil millones. Por supuesto no todo está perdido y los aquí presentes mantenemos la fe en el proyecto. Hemos prevalecido donde nuestros competidores fracasaron, lo que nos llena de orgullo y confianza. La segunda remesa de concursantes llegará a su destino dentro de dos días. Podremos remontar el vuelo y recuperar las pérdidas si nada falla esta vez. Debemos aprender de los errores y garantizar que no volverán a repetirse. Con su ayuda, señor Richmond. No nos defraude.

(*El logotipo de York Media Group sustituye a la mesa de juntas. Después la pantalla se apaga y se encienden las luces. La doctora* NEVILLE *ha desaparecido.* RICARDO, *con un cuchillo en una mano y un tenedor en la otra, come con avidez sentado ante una pequeña mesa individual.*)

RICHMOND   El oráculo ha hablado. Nada como un buen almuerzo para restablecerse. Mi nombre es Richmond, y estoy al mando de todo esto. (RI-CARDO *se detiene un instante. Clava su mirada sarcástica en* RICHMOND *mientras mastica. Luego sigue con lo suyo, concentrado en la comida.* RICHMOND *toma un sorbo de café y lee una hoja que tiene en la mano.*) Richard Ricardo. Británico. Soltero, sin hijos. Escoliosis idiopática. Profesor asociado de Ciencia Política en el King's College. ¿Qué está haciendo aquí?

(RICARDO *se toma su tiempo. Prolonga la masticación y no habla hasta después de tragar.*)

RICARDO   Me presenté voluntario, como los demás. La escoliosis no figuraba en la lista de incompatibilidades y pasé el resto de exámenes con nota. Aunque sospecho que lo que realmente me dio el salvoconducto fue la conveniencia de incluir un lisiado en la función. Aporta un elemento conmovedor, o extravagante, según se mire, que beneficia al espectáculo. Por otro lado la salud no es tan importante. A fin de cuentas aquí se viene a morir, ¿no?

RICHMOND   Me refería a su profesión. ¿Qué hace aquí un politólogo?

RICARDO   ¿A usted no le gusta viajar?

RICHMOND   Lo hago cuando es necesario. ¿Por fin sabe dónde se encuentra ahora?

RICARDO   Reconozco el lugar, sí. Sin embargo, podría tratarse de un decorado. Una reconstrucción bien hecha.

RICHMOND   No lo es.

RICARDO   Pongamos que no.

RICHMOND   ¿Qué tarea desempeñaba usted en esta colonia?

RICARDO   ¿Es que no veía el programa?

RICHMOND   No. Y dejó de emitirse muy pronto porque alguien desconectó la estación emisora. Solo sé de usted lo que dice este informe.

RICARDO   Era un concursante más.

RICHMOND   Todos se ocupaban en alguna labor de mantenimiento o de investigación.

RICARDO   Echaba una mano con las prospecciones.

RICHMOND   De qué tipo.

RICARDO   Clavaba lanzas térmicas en el suelo congelado. Hasta un lisiado puede hacerlo.

RICHMOND   Para qué.

RICARDO   Buscábamos agua.

RICHMOND   ¿Y la encontraron?

RICARDO   ¿Agua? No. Encontramos algo mejor.

    (RICARDO *sigue comiendo.* RICHMOND *se impacienta.*)

RICHMOND   ¿Va a contármelo?

RICARDO   Encontramos materia orgánica en descomposición debajo del permafrost, miles de toneladas. Quizá millones. No determinamos con exactitud el tamaño de la bolsa pero bueno, en fin, suponemos que se prolonga indefinidamente. La carroña rezuma un lodo oscuro, putrefacto, que impregna las capas inferiores del subsuelo, cebando a una cantidad ingente de gusanos necrófagos, de muchas especies diferentes y tamaños diversos. Algunos son grandes como cerdos. Los gases se acumulan en las oquedades y cuando la presión sobrepasa cierto límite ascienden y son eyectados a través de grietas en la superficie. Eso explica las trazas de metano orgánico en la atmósfera.

RICHMOND   Un momento. ¿Bromea? Es un hallazgo histórico.

RICARDO   Pues transmita la buena nueva, ahora que puede. Dígales que lo tachen de la lista de misterios pendientes de la ciencia.

RICHMOND   Bromea. Y si no bromea, me admira su indolencia.

RICARDO   No estoy especialmente interesado en ese tipo de hallazgos.

RICHMOND   Claro. Pasemos a otro asunto. ¿Por qué cesó la emisión?

RICARDO   Soy de letras, lo pone ahí. Política, ¿recuerda? No sé nada de transistores.

RICHMOND   Usted llegó con veintinueve personas más. Al menos una de ellas conocerá la respuesta, pero debo encontrarla primero. ¿Dónde están los demás?

RICARDO   ¿No me va a dejar comer en paz?

RICHMOND   Responda.

RICARDO   Caramba, ¿qué es esto, jabalí?

RICHMOND   Chuleta de cerdo.

RICARDO   Qué más da, carne cultivada. ¿Usted no añora lo que comía de niño? No sé, esa sensación. Saber que mastica algo que ha estado vivo alguna vez. Al principio, fíjese qué ingenuo, pensé que al menos aquí nos dejarían criar animales. Como suministro alimentario, quiero decir, ya me entiende. Un corral, unos pollos. Pues no. Aquí tampoco.

RICHMOND   Al llegar nos encontramos con una colonia vacía y a usted corriendo por el exterior con una lanza térmica en la mano, bramando incongruencias en medio de la tormenta. Tres de nuestros hombres fueron a su encuentro y usted se revolvió contra ellos, hiriendo a dos. ¿Por qué estaba tan asustado? ¿De qué huía? ¿De qué huyeron los demás?

RICARDO   Interesante pregunta. A qué tenemos miedo y de qué huimos. ¿No le parece irónico plantear esa pregunta en esta madriguera de prófugos? No me haga reír, nadie que no huyera de su propia vida se apuntaría a un viaje sin retorno como este. Dígame, ¿usted de qué tiene miedo, Richmond?

RICHMOND   Le he preguntado algo bastante concreto.

RICARDO   Estoy siendo generoso. Usted es cicatero en sus preguntas. Yo le ofrezco altura de miras, un planteamiento general que resuelva sus pequeñas dudas y también aquellas dudas, grandes, más interesantes, que ni siquiera ha imaginado que podría tener.

RICHMOND   No le sigo.

RICARDO   No me sigue porque tiene la nariz pegada al árbol y eso le impide ver el bosque. No me sorprende. No se ofenda, pero usted es un empleado y no aspira más que a tener la estantería bien ordenadita, cada tarro en su sitio, cada etiqueta en su tarro. Dígame, por encima del obvio interés crematístico de sus patrones y de la bufonada televisiva para analfabetos, ¿qué supone que ha impulsado este asentamiento? ¿Qué anhelo humano ha hecho posible que estemos usted y yo hablando tranquilamente en este lugar, como si tal cosa, como si holgazaneáramos en la terraza de una cafetería europea, pongamos que en Madrid, Roma o Londres, pero tan condenadamente lejos de algo que pudiera recordar a una cafetería?

RICHMOND   El ansia de conquista.

RICARDO   ¿Conquista de qué? ¿De un pedregal?

RICHMOND   La humanidad siempre ha expandido sus fronteras. Es una tendencia innata.

RICARDO   Oh, sí, la voluntad de poder. De eso trataremos más adelante. Pero no se disperse, Richmond, usted no tiene término medio, salta de lo insignificante a lo desmesurado sin solución de continuidad. Céntrese en esta colonia y lo que representa.

RICHMOND   Estaré encantado de proseguir este debate en otro momento, cuando hayamos resuelto el tema que nos ocupa.

RICARDO   Corre usted el peligro de confundir lo importante con lo urgente. No pretenda de paso hacerme partícipe de esa confusión.

RICHMOND   Lo que pretendo es aclarar qué ha pasado aquí, por qué los habitantes de esta colonia han desaparecido sin dejar rastro. Usted lo sabe y debe decírmelo antes de que sea tarde.

RICARDO   En mis tiempos los interrogatorios se hacían después de comer.

RICHMOND   Nada le impide hablar mientras se come el yogur.

RICARDO   Acláreme si soy su prisionero. Ha sido poco explícito hasta ahora. ¿Estoy bajo arresto? ¿Tendría que llamar a mi abogado?

RICHMOND   No le estoy acusando de nada.

RICARDO   ¿Sigo en libertad, entonces?

RICHMOND   Se halla bajo nuestra protección.

RICARDO   Muy amables, así da gusto. Como custodio de mis libertades aprobará entonces que siga haciendo uso de una de ellas, la de expresión, y retome el hilo donde lo había dejado. Nos detuvimos en un punto muy interesante, esta colonia y lo que representa. Usted no ha pensado en esto, no se ha molestado en darle ni una vuelta.

RICHMOND   Intuyo que usted sí lo ha hecho.

RICARDO   Pues sí, no dejo de pensar en ello. Hegel afirmaba que los grandes hechos y personajes de la Historia se presentan dos veces. Carlos Marx añadió: sí, en efecto, pero una vez como tragedia y otra como farsa. ¿Se da cuenta? Es de una gran clarividencia. Los grandes hechos se presentan primero como tragedia y luego se repiten como farsa.

RICHMOND   Lo he entendido. Fascinante.

RICARDO Sí, lo es. ¿Qué hemos pretendido hacer aquí?
Reiniciar la Historia. Construir una nueva sociedad lejos de la antigua, sin los condicio-
nantes de la primera. En otro contexto, en
otras condiciones ambientales. Renacer libres
del pecado original, superar el cainismo, construir una utopía. ¿Y qué nos ha salido? Un 're-
make' de mercadillo barato. Un telefilm de se-
rie B. Los mismos errores, los mismos vicios,
la misma podredumbre, una farsa patética, pero
más rápida, veloz, acelerada, una hecatombe
a cámara rápida en un marco incomparable.
¿Ha visto esas lunas que brillan en lo alto? Sus
nombres son Fobos y Deimos. En griego sig-
nifica miedo y terror. ¿Qué otra cosa podrían
alumbrar, sino la abominación? El hombre ha
vuelto a demostrar su incapacidad sobre un
lecho de inmundicia, hemos venido a insta-
larnos encima de un piélago de lombrices ca-
níbales, que devoran los cadáveres de un apo-
calipsis enterrado en los siglos y nos arrojan
su pestilencia como si nos escupieran nuestra propia ponzoña. El abismo es nuestro destino, Richmond. Y usted me pregunta dónde
están mis colegas, de qué huían. ¿No lo ve, no
se da cuenta? Huían del abismo y corrían en
pos del abismo. (*Durante unos segundos se miran el uno al otro, en silencio. Entran* NEVILLE
y BUCKY. BUCKY *se acerca a decirle algo al oído
a* RICHMOND. RICARDO *fija su atención en* NEVI-
LLE.) La doctora Neville, supongo.

NEVILLE   Tiene mejor aspecto. ¿Nos conocemos?

RICARDO   ¿Quién no conoce a la hija del doctor Neville? ¿Puedo llamarla Ana?

NEVILLE   Me disculpará, pero ahora no puedo atenderlo. (RICARDO *se acerca a* NEVILLE *y le dice algo al oído que la ruboriza.*) ¿A qué viene eso?

RICARDO   Su padre era un hombre excepcional.

NEVILLE   ¿Era?

(RICHMOND *y* BUCKY *se han vuelto hacia* NEVILLE.)

RICARDO   Creo que esos caballeros reclaman su atención.

RICHMOND   Quizá puedas aportar algún dato más acerca del equipo de rastreo.

NEVILLE   Han encontrado el *rover* desaparecido, maltrecho y sin combustible, en el borde de un despeñadero. Hay surcos y pisadas en el suelo que parten del vehículo hacia el barranco.

RICHMOND   ¿Tenemos imágenes?

NEVILLE   Sí, aunque no muy detalladas por culpa de la tormenta.

(*Se giran hacia la pantalla, que se enciende para mostrar una imagen muy sucia, llena de borrones e interferencias.* BUCKY *está pendiente de lo que le dicen a través de un comunicador en la oreja.*)

RICHMOND ¿Qué estoy viendo?

BUCKY El interior de uno de los cañones de Valles Marineris. Una cornisa a unos trescientos metros por debajo del borde. Sobresale por encima de una fosa de siete mil metros de profundidad.

(*Un movimiento rápido de zoom amplía la parte central de la imagen.*)

RICHMOND Esos puntos brillantes… Parecen…

NEVILLE ¡Son ellos!

RICHMOND ¿Alguien los ha contado?

BUCKY Son una treintena, aproximadamente.

RICHMOND ¿Qué están haciendo ahí? (*Los tres escudriñan la imagen, esperando entender algo.*) No se mueven.

NEVILLE ¿Están?…

BUCKY El equipo me comunica que no registra señales de vida.

RICHMOND Pide una confirmación.

BUCKY   Están lejos y las perturbaciones ambientales impiden una lectura clara.

NEVILLE   Están muertos.

RICHMOND   Ana, ya has oído a Bucky. No hay forma de saberlo todavía. (RICHMOND *agarra cariñosamente el brazo de* NEVILLE *y se dirige a* BUCKY.) Diles que bajen. Que bajen inmediatamente, como sea. Y que los traigan aquí. Y que lo hagan rápido.

BUCKY   Tenéis que bajar a la cornisa ahora mismo. Rescatad a los colonos y traedlos de vuelta. No, no podemos esperar a que amaine la tormenta. Ahora mismo, he dicho.

(NEVILLE *está a punto de desmoronarse.* RICHMOND *la abraza y le acaricia la cabeza.*)

NEVILLE   ¡Están muertos! Son como muñecos rotos esparcidos por el suelo. Y mi padre está entre ellos.

RICARDO   Miedo y Terror.

RICHMOND   ¿Se divierte?

RICARDO   Es obvio que no.

RICHMOND   Pues lo parece. Está jugando con nosotros. Finge tener visiones, estar medio chiflado, pero a mí no me engaña. Está perfectamente cuerdo y sabe qué es lo que está pasando. Nos lo oculta premeditadamente.

RICARDO   Yo nunca miento. A lo mejor es usted quien no formula las preguntas adecuadas.

RICHMOND   ¿Sabe qué pienso de usted? Que es un cínico y un malnacido. (BUCKY *intenta tímidamente calmar a* RICHMOND.) Aún no conozco su grado de implicación en todo esto pero le aseguro que lo averiguaré. No puede escapar. No tiene a dónde ir. Le arrancaré la verdad aunque tenga que usar la fuerza. ¿Le ha quedado claro? Nada me va a detener. (RICHMOND *camina hacia la salida, pero se detiene ante* BUCKY.) Amárralo bien. Que no se levante de la butaca. No tendré a un loco peligroso paseándose por aquí dentro.

(RICHMOND *sale, llevándose a* NEVILLE. BUCKY *desconecta su comunicador y prepara unas correas.* RICARDO *observa la imagen de la pantalla: los puntos brillantes en medio de las rachas de polvo.*)

RICARDO   Qué futuro tan aciago nos espera, dijo el Bardo, cuando los donnadies se vuelven caballeros.

BUCKY   Si tienes algo que decir dilo. Hemos venido a ayudar.

RICARDO   ¿Te llamas Bucky, Bucky de Buckingham?

BUCKY   Sí.

RICARDO   Buckingham... (RICARDO *retiene durante unos*
             segundos la palabra en la boca, como si le gus-
             tara su sonido o le recordara algo. Se sienta.
             BUCKY *le sujeta las muñecas a la butaca con las*
             correas.) Dime qué ves en esa imagen. ¿Aca-
             so no te parece el abismo?

BUCKY   Tamaña profundidad bien merece el apelativo.

RICARDO   Huían del abismo y corrían en pos del abis-
             mo. Son las palabras que utilicé. Y Richmond
             me llama mentiroso.

BUCKY   No ha querido decir eso.

RICARDO   No me preocupa lo que quiera decir, sino lo
             que quiera hacer.

BUCKY   Richmond solo pretende...

RICARDO   Sí, detállamelo, me interesa. La curiosidad
             me endereza el espinazo. ¿Qué piensa hacer?
             ¿Descuajarme las uñas, saltarme los dientes a
             puñetazos, achicharrarme los testículos con
             una plancha? Debería daros vergüenza marti-
             rizar a un tullido.

BUCKY   No va a hacer nada de eso.

RICARDO   ¿Es que he ensordecido? ¿No hablamos el mis-
             mo idioma? ¡Usará la fuerza! ¡Una amenaza

directa! Estabas presente cuando lo ha dicho. Ahí, ahí de pie, no hace ni dos minutos, ¿no lo recuerdas?

BUCKY Richmond es un hombre cabal, pero está sometido a un fuerte estrés.

RICARDO Oh, venga, ¡ese hombre es peligroso!

BUCKY Solo ha perdido los nervios un segundo, nos puede pasar a cualquiera.

RICARDO ¿Sí? ¿A ti también? Ah, le apoyas. Claro. Qué poco recorrido tendría un tirano sin la complicidad de sus sicarios. La historia está llena de hombres cabales que no soportan la presión del poder y pierden los nervios un segundo. Se les fue un poco la mano, dicen, pero cumplieron con su deber. Así justifican su inventario de atrocidades.

BUCKY Pero ¿de qué estás hablando?

RICARDO Bucky, abre los ojos. Eres un profesional honesto, un hombre leal, rico en virtudes. Pero no estás alerta. Reacciona. La mayoría de veces la brutalidad podría haber sido atajada a tiempo con facilidad. Pero si no sucedió así fue porque hombres honestos y leales, los mismos que tenían en su mano la llave de la jaula, permanecieron inertes esperando a que la fiera que se había escapado volviera al redil por su propia voluntad. Pero las bestias sedientas de sangre no hacen eso, nunca hacen eso, no se sosiegan por las buenas, aprovechan la inacción de quienes les rodean y en cuanto inician su campaña de destrucción ya nadie puede detenerlas hasta que es demasiado tarde. Y entonces… Ah, entonces. Entonces aquellos hombres que un día fueron honestos y cabales, ahora envilecidos, son juzgados por los crímenes que en primera instancia no supieron evitar y que a la postre se vieron arrastrados a cometer. Y condenados. De nada sirve entonces ampararse en excusas baratas, en haber cumplido órdenes. No. Se les juzga y se les condena. Como a Heichmann. Como a Zhang Chunqiao. Subalternos más infames a los ojos de la historia que sus propios capataces. No hay clemencia para los secundones.

BUCKY   Lo único que necesita el mal para triunfar es que los hombres buenos no hagan nada.

RICARDO   ¡Edmund Burke! ¡Por fin alguien que sabe algo! Antes pronuncié el nombre de Marx en presencia de ese filisteo y fue en vano. Tanto hubiera dado que mencionara a Pol Pot, Ginger Rogers o Alien, el octavo pasajero. Esa boca entreabierta, ese encefalograma plano, esa amnesia cultural son manifestaciones de una ineptitud culpable, rasgos definitorios, en su caso, de la insolente banalidad del mal. De la comisura de los labios del más despiadado de los verdugos pende siempre un hilillo de baba.

BUCKY   Detén la caballería, Ricardo, embistes como un jabalí. Tómate un respiro. Entiendo que Richmond te provoque antipatía. Hasta yo la sentiría estando en tu situación. Pero él no constituye un peligro, créeme. La verdadera amenaza es otra, la que intentamos esclarecer y que sin tu ayuda…

(RICARDO *le interrumpe*.)

RICARDO   ¿Cuánto tiempo, Bucky?

BUCKY   ¿De cuánto tiempo disponemos, preguntas? Apenas unas horas, hasta que lleguen los…

RICARDO   No. ¿Quiénes? No. Cuánto tiempo, digo. Cuánto tiempo ha sido necesario para que tu prudencia se relajara. Pero ¿tú te ves? Cuánto ha necesitado Richmond para hacer su magia, para encandilarte, para que dejaras de percibir en él esa mirada torva. ¿Seis meses y medio, siete? Es el tiempo que habéis tardado en llegar hasta aquí, ¿me equivoco? Confinados en un cajón metálico, vomitando en la ingravidez, comiendo pechuguitas in vitro, reciclando orines. Compartir las estrecheces de un viaje tan largo solo puede culminar de dos maneras: la aversión sin paliativos o el amor incondicional. Veo que has optado por lo segundo. Entiendo que, siendo así, pases por alto indicios que hasta un ciego vería.

BUCKY   Indicios de qué.

RICARDO   De depravación. (Bucky *ríe*.) Bueno, te hace gracia. A mí también me divierte en las novelas.

BUCKY   Esto no tiene ningún sentido. ¿Qué indicios? ¿Qué depravación?

RICARDO   Ese hombre es un psicópata.

BUCKY   ¡Claro, eso es! ¿Dónde tengo la cabeza? Ahora entiendo por qué Richmond siempre cena aparte: para que no le sorprendamos fileteando carne humana de su despensa privada. ¿Por qué al embarcar no sospeché nada, cuando le vi esconder una motosierra en la bolsa de viaje?

RICARDO   Bien, y ya que has mencionado los filetes, ¿qué me dices de su desprecio por la vida humana? Y no estoy hablando de la mía, sino de la de sus propios hombres. ¿Quién ha ordenado al equipo de rastreo que descienda a un voladizo colgado sobre de un abismo de siete mil metros en plena tormenta de arena? ¿Esa es la decisión de un hombre sensato, o más bien la de un desaprensivo? Sopesémoslo. Quizá fuera más razonable esperar a que amainara la ventisca para recuperar los cuerpos. Quizá. Vamos, digo yo. Pero hay prisa, el espectáculo no puede esperar, en York están ávidos de ingresos y los ingresos dependen de una melodramática retransmisión de cuerpos recuperados contra viento y marea. Si esas imágenes se cobran el derramamiento de algo más de sangre no solo no importará, sino que se verán enriquecidas con ello. ¡Más carnaza! Richmond obtendrá su medalla, de eso no hay duda. La tragedia es muy rentable en televisión. Y no nos engañemos, esto nunca ha dejado de ser un *reality-show*. Oh, pero espera un segundo, ¿dónde tengo yo la cabeza ahora? Ese bedel con ínfulas no ha puesto a nadie en peligro. La orden la diste tú. Qué hombre tan hábil, al final no será tan necio como parecía.

BUCKY Sabíamos que esta expedición no sería un paseo por la playa y que conllevaría riesgos. Somos voluntarios y lo asumimos.

RICARDO Richmond asume los riesgos, sí. Naturalmente. Los vuestros.

BUCKY Su cometido es tomar decisiones.

RICARDO Y que otro asuma las consecuencias.

BUCKY Le conozco bien. No es ese tipo de hombre.

RICARDO ¿Te refieres a un asaltahuérfanas?

BUCKY ¿Qué?

RICARDO He visto cómo la miraba. Y cómo la estrechaba entre sus brazos. Se conoce que es el tipo de hombre que sabe aprovechar un buen momento de debilidad.

BUCKY   La doctora Neville está pasando…

RICARDO   Él la llama Ana. (*Por un instante* BUCKY *no sabe qué decir.*) ¿Dónde están ahora? Ah, en alguna estancia tranquila, por supuesto, donde nadie les moleste. La doctora Neville necesita consuelo y, cómo no, él se lo estará proporcionando.

BUCKY   Ana no está interesada en él.

RICARDO   ¿Seguro?

BUCKY   Es evidente. Me lo habría dicho.

RICARDO   ¿A ti? ¿Por qué? ¿Por qué habría de decírtelo a ti?

BUCKY   Pues…

RICARDO   ¡Y luego me llama cínico! ¡A mí! Él, ese canalla ruin capaz del ultraje más rastrero: seducir a una pobre chica cuando el cadáver de su padre aún está caliente, disimulando su miembro enhiesto bajo un capote de falsa condolencia. Miserable… ¿No te revuelve las tripas? (RICARDO *observa el techo.*) ¿Por qué no hay pilotos rojos?

BUCKY   Las cámaras están desconectadas.

RICARDO   Notable. No deja un detalle al azar. Nadie puede ver lo que pasa aquí dentro. (BUCKY *mueve la cabeza.*) El poder absoluto en un recinto hermético. A siete meses de distancia de la civilización. Y sin testigos. ¿Comienzas a atar cabos, Bucky? (BUCKY *dirige la mirada hacia el lado por donde salieron* RICHMOND *y* NEVILLE. *No se decide a dar un paso ni a contestar a* RICARDO.) Aún es demasiado pronto. El desconcierto te paraliza. Tienes las piezas del puzzle pero no adivinas todavía el paisaje que componen. Si fueras tonto aceptarías sin más el retrato de un crápula desequilibrado. Pero tu inteligencia se resiste porque intuye con razón que la realidad es algo más compleja. Aciertas, se te ha escatimado una información fundamental. (BUCKY *se vuelve hacia* RICARDO.) Debe de ser humillante estar sometido al mando de un mediocre sin méritos, envalentonado hasta la megalomanía. Pero que en estas circunstancias a ti se te escatime el secreto que sin embargo a él sí se ha confiado pasa de castaño a oscuro. Es decididamente vejatorio. Claro que, en ocasiones, es mejor que los peones no estén al corriente de la estrategia que determina la colocación de las piezas en el tablero.

BUCKY   ¿Por qué habrías de tener tú acceso a información restringida?

RICARDO   Porque lo que saben los de arriba y sabe tu jefecillo, y no te dicen, lo saben gracias a mí.

BUCKY   ¿Y qué es? Dilo.

RICARDO   Ah, pero ¿quieres saberlo? ¿En serio, te inte-
            resa? Es posible que haya buenas razones para
            que no lo sepas.

BUCKY   No se me ocurre ninguna.

RICARDO   Bueno, a mí sí. Muchas. Mantener el orden,
            quizá.

BUCKY   Una pobre excusa.

RICARDO   ¡La mayor! Observa a tu alrededor. Es el desor-
            den lo que ha provocado esto. Es tan fácil rom-
            per el delicado equilibrio que nos mantiene
            con vida en un enclave tan hostil como este…
            El caos puede desatarse con mayor rapidez y
            violencia que una tormenta.

BUCKY   ¿Eso es lo que ocurrió?

RICARDO   Inevitablemente. A falta de una definición
            mejor podríamos describirlo como una gue-
            rra civil. La codicia les volvió locos. El rece-
            lo desembocó en intriga, la intriga en riña, la
            riña en homicidio, el homicidio en asesinato.
            A un primer asesinato siguió otro, y luego otro
            y otro. La sed de venganza vino a sumarse a
            la ruindad en un círculo infernal del que solo
            yo pude escapar.

BUCKY   Lo que me cuentas es absurdo. ¿Qué locura
            podría espolear hasta ese límite la codicia?
            Aquí solo hay… pedruscos.

RICARDO   Sí, pedruscos. Pedruscos brillantes. Y de qué tamaño.

                 (BUCKY *descifra el significado de lo que está escuchando.*)

BUCKY   Estás hablando de…

RICARDO   ¡Oro! Enterrado en el subsuelo. Pedruscos amarillos grandes como casas de tres pisos. Cientos, miles de ellos. Ocultos bajo un desierto de tierra escarlata. Tanto oro como para hacer saltar en pedazos la economía mundial un millón de veces. Su sola visión arrasa la cordura de un ser humano. ¿Cómo explicártelo? Los anhelos y sueños que te han traído hasta aquí se vaporizan para siempre. La primera sensación que te abruma es el arrepentimiento, una aflicción infinita. Así me sentí yo cuando di con el filón clavando lanzas en el suelo, en busca de agua. Piensas: soy un náufrago deambulando sobre un vasto océano de oro. A partir de ahí… Ya no hay marcha atrás. La fiebre se apodera de todos, las normas, la jerarquía, el sentido común, todo se derrumba como un castillo de naipes. La civilización cede el paso a la barbarie. Se cortan las comunicaciones. Aquellos que hasta entonces fueron amigos, parientes, amantes, se degüellan los unos a los otros hasta que no queda nadie. O casi nadie.

BUCKY   Si eso fuera cierto lo sabría.

RICARDO   No lo sabes precisamente porque es cierto. ¿Si fueras uno de los de arriba propagarías la noticia? (BUCKY *piensa*.) Díselo a Richmond. Ponle en un compromiso. Lo negará todo, pero mira dentro de sus ojos cuando lo haga. No obstante recuerda que la verdad tiene un precio. Si no eres hábil te pondrás a ti mismo en peligro. ¿Sabes fingir? No te delates, finge no creer lo que le cuentas. Y no reacciones airadamente cuando improvise cualquier pretexto disparatado. Finge creerle entonces. Cuando hayas verificado por ti mismo cómo los hechos concuerdan con mis palabras volverás a mí y me brindarás tu amistad. Entonces podremos aunar fuerzas.

(Se apaga la luz.)

III

*Se enciende la pantalla. De nuevo, el logotipo de
York Media Group y después la mesa de juntas.*

PRESIDENTA Señor Richmond, no encuentro palabras que
expresen con exactitud la conmoción que sen-
timos ante tantísima atrocidad. Paradójicamen-
te también debo transmitirle que, en cierto
sentido, el estado de los cadáveres nos tran-
quiliza. A pesar de lo trágico de la circunstancia ponen de manifiesto que la causa tiene una
raíz humana. Demasiado humana, me atreve-
ría a decir. Si algo tiene de positivo esta confirmación es que al fin podemos descartar otras
causas de índole, digamos, incontrolable. Co-
menzaban a cobrar fuerza las conjeturas exó-
ticas. Por desgracia, pero también por fortuna, ahora sabemos que esta hecatombe tiene
un origen que a todos nos resulta tristemen-
te familiar. (*Entra* RICHMOND, *mirando a la pantalla.*) La truculencia de las imágenes alcanza
una magnitud sin precedentes en el historial
de la compañía. Le confieso que algunos miembros de esta junta han abandonado la sala antes de finalizar la transmisión, vencidos por
las náuseas. No ha sido fácil ponerse de acuerdo en lo que había que hacer con ese material.

Finalmente, tras una larga deliberación, hemos acordado hacerlo público. Sin duda nuestros competidores y una parte de la opinión pública nos señalarán como unos desaprensivos sin escrúpulos. Pero el derecho a la información se ha impuesto aun a costa de nuestros recelos. El mundo debe saber. En fin, señor Richmond. Quedamos a la espera de que nos transmita más novedades. De todas formas volveremos a contactar con usted antes de la llegada de la nueva remesa de concursantes. Exprese nuestras condolencias a la doctora Neville. Recúerdele, no obstante, la necesidad de una urgente reparación del sistema multicámara de la colonia. Dígaselo con delicadeza, por supuesto.

(*Logotipo de York Media Group. Cuando se enciende la luz* RICHMOND *está en el centro del escenario, ante una larga hilera de cuerpos metidos en bolsas, uno al lado del otro. Entra* BUCKY. *Se sitúa al lado de* RICHMOND, *observa los bultos con él.*)

RICHMOND Tenías razón, Bucky. Esto no podía acabar bien. No es lugar para nosotros.

BUCKY Hete aquí la cosecha de una guerra civil.

RICHMOND Es una posibilidad.

BUCKY Descartada la epidemia, el accidente y el suicidio ritual no quedan muchas opciones.

RICHMOND   No, desde luego. Atendiendo a la evidencias no quedan muchas. Nos ha costado identificar los cuerpos, están hechos papilla. Pero no se precipitaron voluntariamente al vacío, fueron empujados como sacos de patatas, ya muertos, previamente masacrados. Incisiones de lanza térmica atravesando órganos vitales. Cráneos quebrados repetidamente con objetos punzantes. Gargantas seccionadas de oreja a oreja. Pulmones reventados. Desgarros en los trajes presurizados. Señales de tortura y linchamiento. Colonos ahogados en su propia sangre. La lista de brutalidades es larga y variada.

BUCKY   ¿Qué pudo llevarles a hacer algo así?

RICHMOND   Solo el superviviente lo sabe.

BUCKY   Ha mencionado la codicia.

RICHMOND   Ya.

BUCKY   La fiebre del oro les hizo enloquecer.

(RICHMOND *mira a* BUCKY, *sorprendido.*)

RICHMOND   ¿Podrías repetírmelo? No estoy seguro de haber oído bien.

BUCKY   La fiebre del oro.

RICHMOND   Se trata de una metáfora.

Bucky   No.

Richmond   Entonces de un chiste.

Bucky   No.

Richmond   Sí, un chiste macabro.

Bucky   Ricardo habla de un yacimiento de oro gigantesco.

Richmond   ¿Ha especificado dónde?

Bucky   Aquí, allá, por todas partes. Lo encontró por casualidad, perforando en busca de agua.

Richmond   Menuda majadería. Si hubiese oro lo sabríamos. No hay oro. Te ha tomado el pelo. ¡Oro! Qué idea tan ridícula…

Bucky   Estaba a cargo de las prospecciones, es un hecho contrastado.

Richmond   Eso sí. Seguramente estaba haciendo una cuando le encontramos.

Bucky   Pudo haber descubierto algo.

Richmond   Y lo descubrió. ¿No te lo he dicho?

Bucky   Entonces lo admites.

Richmond   Descubrió lombrices, o eso dice él.

(BUCKY *reprime una carcajada espontánea.*)

BUCKY   ¿Gusanos?

RICHMOND   Sí, gusanos.

BUCKY   ¿Qué tipo de gusanos?

RICHMOND   Necrófagos. De confirmarse sería un hallazgo capital. Una forma de vida.

BUCKY   ¿Concedes más credibilidad a los gusanos que al oro?

RICHMOND   Yo no concedo nada.

BUCKY   Gusanos… Una buena razón para matarse.

RICHMOND   Tanto como cualquier otra razón imaginaria.

(*Permanecen unos segundos en silencio.*)

BUCKY   ¿Dónde está Ana?

RICHMOND   La doctora Neville no puede ver a nadie ahora.

BUCKY   ¿Lo ha decidido ella?

RICHMOND   Bucky… ¿Qué te pasa?

BUCKY   Solo he preguntado dónde está.

RICHMOND   Te he oído. ¿Por qué quieres saberlo?

BUCKY   Conforme, no insistiré. No se me paga por
               preguntar.

RICHMOND   La doctora Neville está… velando a su padre.
               Hemos trasladado el cuerpo al invernadero
               para que pueda hacerlo en la intimidad, sin
               ser molestada.

BUCKY   No entraba en mis planes molestarla.

RICHMOND   No lo pongo en duda.

BUCKY   Pero vienes de allí, ¿no? Del invernadero, quie-
               ro decir.

RICHMOND   He echado una mano con el traslado del cuer-
               po, sí. Aquí pesamos tres veces menos, pero
               aun así… ¿A qué viene tanta suspicacia?

BUCKY   Si la has visto… Solo quería saber si está bien.

RICHMOND   Dentro de lo que cabe… No, no lo está. Está
               destrozada.

BUCKY   Necesitará mucho apoyo.

RICHMOND   Sí.

BUCKY   Sentirse protegida

RICHMOND   Sí.

BUCKY   Calor humano. (RICHMOND, *muy escamado,*
           vuelve a girarse hacia BUCKY.) Una última cues-
           tión, Richmond...

           (*La actitud de* BUCKY *comienza a ser desafiante.*)

RICHMOND   Adelante.

BUCKY   Si el doctor Neville está en el invernadero, en
           esta fila hay un cuerpo de más.

RICHMOND   Pensaba que te habías enterado.

BUCKY   Sea lo que sea alguien ha olvidado decírmelo.
           No sería la primera vez.

RICHMOND   Lo siento. Se trata de Hastings, del equipo de
           rastreo. Se despeñó durante el descenso para
           recuperar los cuerpos.

BUCKY   ¿Cómo ocurrió?

RICHMOND   La ventisca. Le desequilibró cuando aún no
           estaba bien amarrado. Rebotó en la cornisa y
           siguió cayendo hasta la siguiente.

BUCKY   Una muerte horrible.   —

RICHMOND   E irónica. Fue a rescatar cadáveres y acaba-
           mos rescatando el suyo todavía más abajo.

BUCKY   Hastings tenía un gran sentido del humor. Seguro que captó la ironía mientras caía. O quizá cayó pensando en ti.

RICHMOND   ¿En mí? ¿Qué estás queriendo decir? (BUCKY *se encoge de hombros.*) Bucky, al margen del rango te considero un amigo. Pero ¿estás cuestionando mis órdenes?

BUCKY   ¿Podría?

           (*Alguien tararea una melodía, aflojando la tensión entre los dos hombres.*)

RICHMOND   ¿Qué es eso?

           (*Escuchan unos segundos.*)

BUCKY   El *Aria sulla quarta corda*, de Bach.

RICHMOND   Tenemos un melómano en la colonia. Bueno, contándote a ti, dos.

           (*Se hace la luz sobre el sillón donde reposa RICARDO. No se le ve porque el respaldo está vuelto hacia el público. BUCKY y RICHMOND le observan.*)

BUCKY   Tres. Ana también lo es.

RICHMOND   Lo sé.

BUCKY   Claro.

(RICHMOND *prefiere cambiar de tema.*)

RICHMOND   Un hombre extraño ese Ricardo.

BUCKY   ¿Te resulta peculiar?

RICHMOND   Odioso. A veces le estrangularía con mis propias manos.

BUCKY   Aprovecha ahora. Está durmiendo. Y las cámaras están apagadas. No habrá testigos. Yo miraré para otro lado.

RICHMOND   ¿Está tarareando en sueños?

BUCKY   Algunas personas hablan, otras tararean.

RICHMOND   Una lástima. Si hablara dormido quizá nos diría lo que no dice despierto.

BUCKY   Está diciendo más de lo que parece. La melodía nos da una pista de las imágenes que desfilan por su mente. Es la banda sonora de un sueño reiterado. Cada noche recorre una y otra vez el trecho entre el *rover* y el borde del precipicio, arrastrando un cadáver tras otro. Como Sísifo empujando la roca hasta la cima de la montaña.

RICHMOND   La pesadilla de un sepulturero.

BUCKY   Una experiencia traumática que obsesionaría a cualquiera. El primer cuerpo que arroja es el de su hermano, Clarence, la primera víctima de la masacre, estrangulado en su litera. Luego sigue con Neville y los demás, siempre en el mismo orden. Uno a uno los ve caer hasta desaparecer en el abismo. Tararea para no oírlos.

RICHMOND ¿Para no oír a los muertos?

BUCKY En el sueño no lo están exactamente. Le miran con los ojos muy abiertos mientras les arrastra y, aún sin mover los labios, le maldicen.

RICHMOND ¿A él? Eso es casi una confesión.

BUCKY Casi lo sería, pero solo si fuera culpable.

RICHMOND Tráeme la lista de sospechosos y comparemos, a ver quién ha hecho más méritos.

BUCKY Que sea el único superviviente no demuestra nada.

RICHMOND Demuestra, como mínimo, que fue el más listo de todos.

BUCKY La inteligencia no es un delito.

RICHMOND El más listo en una matanza nunca es inocente.

BUCKY ¿En serio supones que este hombre débil y contrahecho masacró a sus compañeros, a casi tres docenas de personas?

RICHMOND   Cuanto más elevado el número, menos probable que empuñara un arma. Los genocidas no se manchan las manos.

BUCKY   Su versión de los hechos es perfectamente coherente. No hay testigos ni grabaciones. Y tú no tienes ni una sola prueba.

            (*Se acercan al sillón, situándose enfrente de Ricardo.*)

RICHMOND   Está sonriendo. Mira como sonríe. Dejará de hacerlo cuando le lleve de vuelta y le siente delante de un tribunal.

BUCKY   Lo absolverán.

RICHMOND   Lo condenarán, lo juro. Pagará por lo que ha hecho. Dentro de esos sacos se pudre la carne de muchos hombres y mujeres a los que conocí personalmente. Personas decentes. No vinieron hasta aquí solo a concursar, sino a dar su vida por algo importante. El *reality-show* era un peaje, el medio de conseguir dinero para que esto fuera factible. Vinieron a cumplir un anhelo de la humanidad, a construir un puente hacia un futuro mejor para todos, no a que una rata les devorara las entrañas. Ellos lo maldicen en sueños y yo haré que su vida sea maldita el resto de sus días. No volverá a ver la luz del sol. (RICARDO *murmura y comienza a revolverse en la butaca.*) Mira cómo se estremece. Debe de ser la picazón que le provoca el veneno que le corre por las venas. No está sujeto. ¿Y las correas?

BUCKY   Al margen del rango siempre te he considerado un amigo. Pero he cuestionado tu orden.

RICHMOND Bucky, ¿por qué?...

BUCKY   Tengo una duda razonable.

RICHMOND Sal de aquí. Yo mismo se las pondré.

          (RICARDO *se levanta de la butaca con tranquilidad y acuchilla a* RICHMOND *repetidamente en el vientre.*)

RICARDO   Sé sonreír y matar mientras sonrío.

          (*Cuando* RICHMOND *cae de rodillas, le sigue acuchillando.* RICHMOND *se desploma.*)

RICARDO   Me ha gustado lo de la duda razonable. (BUCKY *retrocede unos pasos, conmocionado.*) ¡Bucky, tiemblas! ¿Aún finges? Estás pálido, pareces aterrado. Vaya, me temo que no haces comedia. (RICARDO *limpia el cuchillo con la ropa de* RICHMOND.) Reconozco esa expresión, la he visto otras veces. Ese estupor que te golpea como una maza cuando alguien, en tus narices, parte una vida en dos sin previo aviso.

BUCKY   ¿Por qué lo has hecho? No era necesario.

RICARDO   Esa búsqueda de sentido que te acogota las neuronas y transforma tu pensamiento en una pasta densa que ya no fluye. Ese encontronazo brutal con el vértigo de la existencia. De repente todo es muy oscuro y deslumbrante al mismo tiempo. ¿Verdad? Sí, reconozco esa mueca porque otros rostros antes que el tuyo la han esbozado. ¿Por qué, por qué, por qué?... Intentas hallar una respuesta a la que asirte, pero no la hay, y caes y caes y sigues cayendo...

BUCKY   Lo has asesinado.

RICARDO   Ahora empiezas a entender. Ha habido premeditación, luego lo he asesinado, sí. He sacudido mi brazo como un émbolo perforando sus entrañas hasta hacerlas picadillo.

BUCKY   Lo has asesinado... Gracias a mí.

RICARDO   Lo reconozco. Sin tu ayuda tendría que haberlo hecho con los pies. No soy muy hábil con las patadas, pero de haber sido el único medio...

BUCKY   Nos condenarán a los dos y nos encerrarán.

RICARDO   ¿Quién va a condenarnos? Nadie nos ha visto. Y si no hay cuerpo no hay delito. Llévatelo al barranco y déjalo caer. Pero que llegue bien al fondo, donde no puedan encontrarlo.

(BUCKY *no se mueve.*) ¡Vamos! ¿A qué esperas? Ah, toma, es tuyo. (RICARDO, *que tiene la mano enguantada, le entrega el cuchillo.* BUCKY *lo sostiene sin saber qué hacer.*) Tiene tus huellas. Lo mejor será que te deshagas de él. (BUCKY *se inclina sobre* RICHMOND, *mete el cuchillo entre la ropa, lo levanta un poco por las axilas y comienza a tirar del cuerpo.*) Por cierto, Bucky, el *Aria sulla quarta corda* es un arreglo en do mayor de August Wilhelmj sobre el segundo movimiento de una suite orquestal de Johann Sebastian Bach. La tercera. Mi tesitura no me permite llegar tan arriba, así que, estrictamente hablando, no canturreo el *Aria sulla quarta corda*, sino la pieza original de Bach, que está escrita en re mayor.

BUCKY
Pero ¿qué me pasa? ¿Por qué te estoy ayudando?

RICARDO
¿Porque es lo que más te conviene?

BUCKY
No era Richmond la amenaza, sino tú. Le has matado como quien pela una manzana. Impertérrito. Hiciste lo mismo con los demás.

RICARDO
Me tienes en un pedestal. No hubiera sido capaz. Pero me sobra de ladino lo que me falta de robusto. Me valí de argucias, urdí algunas tramas, inoculé el veneno de la desconfianza, azucé los peores instintos hasta lograr que los unos se enfrentaran con odio mortal a los otros… Y sí, también apuñalé a tres o cuatro.

BUCKY   ¡Una comunidad pacífica! La emponzoñaste por dentro como un tumor maligno. ¿No tienes conciencia? ¿No te detienes ante nada? ¡Había dos mujeres embarazadas! Ni siquiera respetaste a los no nacidos.

RICARDO Natos, nonatos, ¿y qué más da? ¿Acaso matando a un adulto cualquiera no aniquilas su futuro y a su probable descendencia? La edad es irrelevante. Y la vida, una chanza. Los hombres son moscas para los dioses, los matan para divertirse. Y en esta colonia no hay moscas.

BUCKY   Tú no eres un dios.

RICARDO Y tampoco lo hago por diversión.

BUCKY   ¿Por qué, entonces?

RICARDO Hay tantas razones… Una por cabeza.

         (*Suena una alarma.*)

BUCKY   ¡Descompresión!

RICARDO No te asustes, no es aquí. Se ha averiado el cierre estanco del pabellón dos.

BUCKY   ¡Es donde están los demás!

RICARDO Solo Rivers y Grey. La doctora Neville vela a su padre en el invernadero. ¿A dónde vas? ¡No abras esa puerta!

BUCKY   ¡Hay que hacer algo!

RICARDO   Pero eso no, o moriremos también nosotros.

BUCKY   Has sido tú…

RICARDO   Por un perro que maté mataperros me llamaron. El cierre no estaba en condiciones. ¡Y esa manía de pegar portazos! En algún sitio apunté que había que revisarlo.

BUCKY   Si entraran en el pabellón tres…

RICARDO   Imposible. En caso de fuga de aire los pasos entre compartimentos se sellan automáticamente.

BUCKY   Podrían activar la apertura manual.

RICARDO   Demasiado aturdidos. No razonas cuando la saliva te hierve en la boca. En los primeros diez segundos los tímpanos revientan y te desmayas…

BUCKY   Tiene que haber una forma.

RICARDO   …Y aunque no fuera así, eché el cerrojo por dentro.

BUCKY   ¿Qué?

RICARDO   Por seguridad, en caso de rotura del sello. No fuera que a algún imbécil le diera por ir abriendo puertas hasta vaciar de aire toda la colonia.

BUCKY   ¿Cómo? ¡Si no has salido de esta sección!

RICARDO   Cierto, me has pillado.

BUCKY   Pues entonces…

RICARDO   Pero le sugerí a la doctora Neville que lo hiciera en caso de recibir visitas… íntimas. Su catre está en el tres. Es obvio que ha seguido mi consejo, si no oiríamos dos alarmas en vez de una. La culpa es de Richmond, ese incontinente incapaz de respetar un duelo.

BUCKY   Estoy perdiendo el tiempo. Saldré por detrás e iré a buscarles con el *rover*.

RICARDO   Para qué. De haberlo hecho cuando se disparó la alarma quizá hubieras llegado. Pero ya no, ha transcurrido más de un minuto. Tus compañeros ya habrán sufrido daños cerebrales y ni siquiera has metido la llave en el contacto. Veamos: descompresión explosiva, mil hectopascales de caída brusca… Por no hablar de los setenta grados bajo cero. El diagnóstico no es prometedor. Hemorragia pulmonar, parada cardiorespiratoria… (*La alarma deja de sonar.*) Están muertos. ¿Lo ves? Ya no hay prisa. Pero puedes ir de todas formas. La despensa está en el dos y va siendo hora de que traigas algo para cenar. Me muero de hambre. ¿Tú no?

BUCKY   Solo tengo ganas de vomitar.

RICARDO   Pues no lo hagas aquí dentro. Luego no hay forma humana de librarse del olor. Respira hondo y muévete, no te quedes ahí plantado, lloriqueando. Tienes mucho trabajo que hacer. Saca a Richmond de aquí. Y a los demás. No quiero tener esto lleno de cadáveres, me tropiezo a cada paso que doy. Haz una pila en el muelle de carga, llévatelos en el rover y échalos al hoyo. ¡Venga!

(BUCKY *se adelanta un poco pero se detiene.*)

BUCKY   No lo entiendo.

RICARDO   Se llama eliminar pruebas. Es un clásico. (RICARDO *se acerca a él y adopta un tono más afectuoso.*) Estás afectado. Te aconsejo que no intentes pensar y te limites a hacer lo que te digo.

BUCKY   No puedo pensar.

RICARDO   Claro que no.

BUCKY   Estoy aturdido.

RICARDO   Es normal, estás en estado de shock.

BUCKY   Un shock.

RICARDO   Eso es. Demasiadas impresiones en una sola noche.

BUCKY   Demasiadas.

RICARDO   No te preocupes, se te pasará. Un poco de actividad física te sentará bien. (RICARDO *le da unas palmaditas en el hombro y va a acomodarse en la butaca. Tamborilea con los dedos en el brazo del sillón.* BUCKY *comienza a sacar los cadáveres.*) Qué barbaridad. Qué hambre tengo, me rugen las tripas. (RICARDO *tararea la melodía de Bach mientras contempla a* BUCKY *sacando los cadáveres de uno en uno sin demasiada celeridad.*) Esta noche no ceno. En fin, tendré que echarte una mano. (*Se levanta y le ayuda para ir más rápido.* RICARDO *y* BUCKY *salen y entran a la par. Mientras entra y sale,* RICARDO *va hablando.*) ¿Sabes? Creo que acertaron al ponerle a este planeta el nombre del dios de la guerra. En principio lo hicieron por el color sangre. Pero estoy seguro de que había algo más. A los antiguos no se les escapaba nada. Por eso la diosa del amor engañó al patán de su marido y se largó con el guerrero. Te parecerá una contradicción, pero no lo es. Nuestra civilización malinterpreta el término amor, en la antigüedad expresaba lujuria. El cristianismo y luego la ilustración tergiversaron los valores clásicos. ¿No dices nada? Estás ensimismado.

BUCKY   No sé de qué estás hablando.

RICARDO   ¡De la voluntad de poder, Bucky! Poseer a un pueblo o a una mujer, ¿qué diferencia hay? Violencia y lujuria son dos caras de una misma pulsión.

BUCKY La violencia no es una forma lícita de alcanzar el poder.

RICARDO Es la más rápida y la mejor si no tienes que rendir cuentas a nadie. Y aquí no hay nadie a quien rendir cuentas.

BUCKY Es un método propio de salvajes.

RICARDO Me fastidia tu falsa moral. Fue la lujuria lo que te condujo a odiar a ese engreído que yace ahí destripado cuan largo es. Lujuria insatisfecha. Los celos te consumían. Y con razón. Yo en tu lugar hubiera hecho lo mismo.

BUCKY ¿Qué es lo mismo? Tú le mataste, no yo.

RICARDO ¿El causante de esa muerte no es tan culpable como su ejecutor?

BUCKY Tú fuiste la causa y el maldito efecto.

RICARDO No te autoengañes, no eres tan palurdo. Quisiste verle muerto y ahí le tienes.

BUCKY No hables por mí. Habla por ti. Escuchándote se diría que actúas sin propósito o por cortesía. O como un sicario a las órdenes de los vicios ajenos.

RICARDO Y en cierto modo lo soy, en cuanto que me valgo de ellos para alcanzar mis objetivos.

BUCKY   Dime cuáles son.

RICARDO   Hay tantos… Uno por cabeza. Cada cabeza
               supone un obstáculo a cercenar.

BUCKY   ¿Un obstáculo para obtener qué? ¿Oro? A mí
               me consumirían los celos, sí, pero a ti la ava-
               ricia te corroe desde el tuétano de los huesos.

RICARDO   ¿Oro, dices? ¿Qué oro? Debe faltar muy poco
               para que lleguen.

BUCKY   ¿Así que no es cierto?, ¿es otra de tus patra-
               ñas?

RICARDO   ¿Qué hora es?

BUCKY   Pero entonces, ¿qué es lo que buscas? ¿Qué
               buscas? Responde.

RICARDO   Envidia, celos, avaricia… Vicios pequeños dig-
               nos de gente más pequeña aún. Envilecimien-
               to propio de esclavos.

               (*Ya no quedan cuerpos en el suelo, pero* RICAR-
               DO *vuelve a salir.*)

BUCKY   ¡Ricardo! ¿Me estás oyendo?

RICARDO   Sí, ¿qué hora es?

BUCKY   Deja de dar vueltas y atiende.

RICARDO   Bueno, pero, ¿qué hora es?

BUCKY   Van a dar las diez.

RICARDO   ¡Cielos! Pues deja que las den.

BUCKY   ¿Por qué he de dejar que las den?

RICARDO   Porque, como el cuco de un reloj, das la hora entre tu monserga y mi meditación.

(BUCKY *va tras él.*)

BUCKY   ¿Esas tenemos? ¿Así recompensas mi connivencia? ¡Seré necio! No sé qué me provoca más náusea, si la culpa o la vergüenza de haber servido de instrumento a un monstruo cuya motivación ni siquiera conozco y que…

(BUCKY *calla de golpe. Siguen unos instantes de silencio, que concluirán con el sonido de un cuerpo derrumbándose en el suelo.*)

IV

RICARDO *vuelve a entrar limpiando un cuchillo con un trapo.*

RICARDO   Reinar, Bucky, reinar. Y cállate de una vez. Me estás molestando. (*Se abotona cuidadosamente la guerrera.*) Voy al encuentro de una dama y eso requiere toda mi atención. (*Repara en que tiene una salpicadura de sangre en la pechera.*) Oh, Bucky, por favor. Deberías ser más cuidadoso. Ni hecho aposta, qué inoportuno. Mira cómo me has puesto. Menudo donjuán voy a parecer con semejante medalla. (*La frota enérgicamente con una punta del trapo.*) Poseer a un pueblo o a una mujer. Dos caras, qué duda cabe, de una misma pulsión. Pero en un grado distinto. Lo que jamás entenderéis los individuos de bajas aspiraciones como tú, y afortunadamente sois mayoría, es que no se trata de una pulsión de vida, sino de muerte. (*Se estira los faldones y se mesa el cabello.*) El hombre se enfrenta al mundo y su ansia de dominio es una venganza contra el mismo. Contra todo aquello que el mundo le arrebató sin ofrecérselo siquiera. Una lucha a muerte que no requiere de pretextos. (*Toma un espejo, se sienta en la butaca enfrente de él y se peina con esmero.*) Hay quien busca poseer a una mujer y cuando al fin la posee penetra en ella a todas las mujeres que le repudiaron. Y las penetra ferozmente. Pero ¿qué es un cuerpo, o un pueblo, en comparación con un planeta entero? Nadie poseyó nunca un reino así. ¿Cabe una aspiración mayor? Este es un reino vacío, pero ya lo repoblaremos. Y volveré a erigirme en rey. (*Le habla al espejo.*) Toma nota de ello, oráculo, te lo estoy profetizando. Enviadme súbditos, yo les someteré, besarán mi bota o les aplastaré la cabeza con ella. (*Se levanta y vuelve a dejar el espejo en su sitio.*) En justa correspondencia accedo con gusto a pulsar el interruptor, encender las cámaras y pagaros con un buen espectáculo. Esta vez quiero que veáis cómo lo hago. Gozaréis, la audiencia no podrá apartar la mirada. Y eso os proporcionará mucho oro, os lo prometo. Alicatad vuestros baños con él o construid una pirámide, haced lo que os plazca, que a mí el oro no me interesa. (*Sale y vuelve a entrar con una larga jardinera llena de flores, rosas blancas y rojas.*) Me reprenderéis, naturalmente, fingiréis querer castigarme, pero seréis testigos mudos, impotentes, vuestras garras no me alcanzarán. Nos separa un vasto océano vacío, salvaguarda mía y coartada vuestra. Seré destinatario de vuestro odio, sí, pero en el fondo os solazaréis en mi triunfo y vuestro odio no irá tan dirigido a mí como a vosotros mismos por ser incapaces de emularme. Porque veréis que no consigo nada que no merezca y

la compasión que os infunda la debilidad de
mis lacayos al poco se tornará desprecio. La
hipocresía traducirá vuestra mortificante admiración en alaridos de escándalo y condena,
en golpes en el pecho, en ese circo repugnan-
te de conmiseración al que nos tenéis tan acos-
tumbrados. (*Sale y vuelve a entrar trayendo el
féretro de* NEVILLE *consigo.*) Os mostraré lo que
más duele, que es la verdad. Veréis que ni yo
ni los hombres que han sido como yo somos
lo que decís que somos. Sanguijuelas parasi-
tando a un organismo sano hasta corromper-
lo. No, al contrario. Somos como los depre-
dadores de la sabana, como las aves de presa
que pueden mirar al sol directamente, como
los escualos que nunca duermen. Nos impo-
nemos allá donde estemos y nuestro dominio
alcanza hasta la raya del horizonte. No es un
error, ni la casualidad, ni vuestra ingenuidad
bondadosa lo que nos encumbra. Son vuestras miserias, vuestro resentimiento y vuestros lloriqueos incesantes lo que nos sienta en
el trono. (*Enciende los cirios eléctricos que or-
nan el féretro.*) Os susurramos palabras suaves
y os dejáis encandilar, os enjuagamos las lágrimas, os despojamos de toda culpa, bende-
cimos vuestro odio, dignificamos vuestra vergüenza y os indicamos a dónde ir a morder
para inocular vuestro veneno. Si fuerais fuer-
tes u os importara la verdad nos desvanecería-
mos como volutas de niebla, pero sois cobar-
des y preferís cedernos vuestro poder. Dócil-
mente deslizáis el pescuezo en nuestras fauces

abiertas. Uno a uno, por separado, solos, sentís frío, por eso buscáis el calor del rebaño y os aglomeráis hasta proyectar una sombra lo más grande posible, que os haga sentir que formáis parte de algo grande, una sombra oscura y alargada a la que seguir. Y a la vez sabéis y no queréis saber que esa sombra somos nosotros. Nosotros somos la sombra que proyectáis. (*Entra* Neville.) Lady Ana.

NEVILLE   Ricardo. ¿Vienes a velar a mi padre? No te falta osadía presentándote aquí.

RICARDO   Vengo por el placer de verte.

NEVILLE   Y yo lo agradezco, porque así podré decirte a la cara lo que pienso de ti, carnicero miserable.

RICARDO   Te noto irritada. Pero nada que provenga de esos labios podrá resultarme enojoso.

NEVILLE   Lo peor que pudiera decir no alcanzaría a ser ni un vago reflejo del destino más benévolo que te deseo, que es una muerte lenta y dolorosa. Espero que exista un más allá para que el infierno que mereces no se apague nunca.

RICARDO   A saber qué te habrán contado. ¡Y ya no soporto tanta injusticia! Como no adulo ni engaño he de ser un enemigo. ¿No puede un hombre inofensivo vivir sin encorvarse bajo un chaparrón de acusaciones incesantes? Soy demasiado inocente para el mundo.

NEVILLE Ni vergüenza te queda para admitir los hechos.

RICARDO Hechos, no. Calumnias.

NEVILLE La boca de mi padre está sellada para siempre. Pero su alma grita a través de esas heridas abiertas.

RICARDO Y no me acusa a mí.

NEVILLE Está muerto, y por tu mano.

RICARDO Yo no maté a tu padre.

NEVILLE Entonces está vivo.

RICARDO No, está muerto, y por la mano de los colonos. Lo acuchillaron entre tres. Tres desgraciados de mucha menos valía que él.

NEVILLE Tú les instigaste.

RICARDO No hizo falta. Le acusaron de conectar un cilindro con neurotoxinas al sistema de ventilación.

NEVILLE ¿Por qué iba mi padre a hacer eso?

RICARDO Era su especialidad, estudiar el cerebro y sintetizar sustancias que alterasen su funcionamiento.

NEVILLE   Con fines médicos.

RICARDO   Eso estoy diciendo. Es natural que dentro de una comunidad sometida a un encierro tan prolongado menudeen los cuadros depresivos.

NEVILLE   ¿Y sugieres que pretendía vacunar a la colonia inyectando un agente neurotóxico en el aire?

RICARDO   No lo hizo. De hecho lo estaba desconectando. Pero no lo entendieron al verle porque le sorprendieron manipulando el cilindro justo donde mi hermano Clarence había dicho que estaría.

NEVILLE   Entonces fue tu hermano quien lo puso allí.

RICARDO   Disponía del conocimiento necesario y el cilindro tenía sus huellas, pero no pudo explicar el motivo porque antes de confesar fue estrangulado en su litera, donde le retenían.

NEVILLE   ¿Estrangulado por quién? ¿Retenido por qué?

RICARDO   Retenido por conspirar contra la seguridad de la colonia. Se le acusó de promover una insurrección violenta para hacerse con el control.

NEVILLE   ¿Quién lo acusó?

RICARDO   Yo, porque era cierto. ¿Hubiera acusado a mi propio hermano de semejante fechoría de ser falsa? Le estranguló un tal Tyrrell, un tipo siniestro. Un sicario. No supimos a las órdenes de quién lo hizo porque, a su vez, también fue silenciado. Le atravesaron los pulmones con una lanza térmica.

NEVILLE   Imagino que ahí no acaba la cosa.

RICARDO   Acaba con todos muertos, lo sabes bien.

NEVILLE   Y tú no empuñaste arma alguna.

RICARDO   Yo conducía el *rover* hasta el cañón y daba sepultura a los cuerpos.

NEVILLE   Arrojándolos al vacío.

RICARDO   No podían quedarse aquí y la tierra congelada del exterior apenas puede escarbarse.

NEVILLE   Así pues, no tuviste relación con la masacre. Te mantuviste al margen.

RICARDO   Fui leal a tu padre, a quien admiraba. Me tendió la mano en los momentos más difíciles. Esa lealtad me llevó incluso a inculpar a mi hermano, a quien quería y mucho.

NEVILLE   Cuánto amor. Cuánta lealtad. Cuánta admiración.

RICARDO   ¿No me crees?

NEVILLE   No.

RICARDO   Haces bien. Acusé a mi ser más querido para hacer más creíble el infundio. Predispuse a tu padre, un hombre íntegro y justo, en su contra. Persuadí a Tyrrel para que estrangulara a mi hermano y así incitar a los colonos contra tu padre. Silencié al sicario y denuncié el linchamiento de tu padre para echar sal en las heridas abiertas y asegurar la división que enfrentaba a unas facciones contra otras, ebrias de afán de venganza. Traspasado ese umbral ni siquiera yo hubiera podido frenar, de haberlo querido, la ola imparable de violencia que devastó la colonia. Cuando no hubo más por hacer, simplemente me senté a contar cadáveres.

(NEVILLE *ha de callar para reunir las fuerzas que le permitan seguir hablando.*)

NEVILLE   ¿Dónde estarán los límites del horror? Cuando parecía que la gigantesca abominación ya no podía crecer más, llegas tú y la riegas con tu indolencia.

RICARDO   Has querido saber, no estaba en mi ánimo mortificarte. Por eso me he resistido a detallarte los pormenores.

NEVILLE   Qué gentil.

RICARDO   Gracias, pero no reincidiré. A partir de ahora me ceñiré a una implacable franqueza, aunque te duela, ya que así lo demandas.

NEVILLE   No me quejo, prestar oídos a tus infectas exhalaciones es el precio que pago por tu autoinculpación.

RICARDO   La culpa no tiene parte en esta función.

NEVILLE   No soy tan cándida como para esperar tu arrepentimiento.

RICARDO   Esperarías en balde. Cumplí con mi deber. Con el mandato de la naturaleza y con el deseo inconfesado de los hombres, que es un par de espuelas clavadas en las costillas. Tu padre era un dechado de eso que consideráis virtudes, las que a la larga atenúan el vigor de los pueblos y los marchitan. Basó su autoridad en otra autoridad muy remota, en la confianza de la chusma y en las normas de convivencia que garabateó en un trozo de papel. Yo vine a recordar que los hombres no se deben a las normas, sino las normas a los hombres, y que un nuevo mundo no debe pleitesía a nadie. Mi cometido fue destruir el viejo orden para establecer uno nuevo, y lo cumplí.

NEVILLE   Debió de ser agotador.

RICARDO   Lo fue. Por fortuna a ese trajín siguieron varios meses de reposo.

NEVILLE   Al reposo me refiero. Tantos días solo, sin hablar, sin poder vomitar esa retahíla de insensateces encima de una pobre víctima. No serán pocos los que prefieran tu puñal hurgando en sus vientres a ese barullo resonando sin clemencia en sus cabezas. ¿Seguro que no les masacraste con tus palabras? Tamaña verborrea retenida desde entonces estaría a punto de asfixiarte. Te aburrirías mucho.

RICARDO   Bastante.

NEVILLE   Que alegría vernos llegar.

RICARDO   Vuestra visita me ha revitalizado.

NEVILLE   ¿Sí? ¿Hoy has tenido un día fructífero?

RICARDO   He matado a Richmond, a un pelele y a otros dos que nunca he visto.

(NEVILLE *se esfuerza en no perder el equilibrio.*)

NEVILLE   Y ni siquiera me sorprende. Aplastas mi corazón sin tocarlo.

RICARDO   Prometí no callar nada.

NEVILLE   Entonces… Por fin estamos solos. Lo que reduce tu lista a un solo nombre.

RICARDO   No hay tal lista. En lo sucesivo prefiero improvisar.

NEVILLE   ¿No tienes planeado asesinarme?

RICARDO   Sería un suicidio, no concibo la vida sin ti.

NEVILLE   Pues ya tardas en hacerlo, porque lo que a mí se me hace inconcebible es que ambos vivamos a la vez.

RICARDO   No seas tan dura conmigo. Hace años pudo tener sentido, pero ahora y en estas circunstancias no.

NEVILLE   ¿Ya me lo has contado todo? ¿No has dejado ningún detalle escabroso sin desvelar? ¿Has recitado todos tus crímenes? Porque si es así, estoy yo más al corriente de estas circunstancias que tú. Te yergues ahí, sobre tus patas deformes, altivo y despreocupado, sin saber que ya estás muerto. Acompañé a Richmond, otro hombre infinitamente superior a ti al que has despedazado, en su última transmisión a York. Tú fuiste el único tema que tratamos. Vendrán a buscarte, te ensogarán como a un perro rabioso y te llevarán de vuelta, directo al patíbulo. Eso si antes no te sueltan por el camino, junto a los sacos de heces, arrojándote al sol para romperte hasta los átomos y desintegrar tu alma. Ese es el futuro que te espera.

RICARDO   Antes me espera uno mejor, que aún no te he revelado.

NEVILLE   Asumir que tus esperanzas son humo.

RICARDO   No, tu alcoba. (*Ella le escupe a la cara.*) ¿Por qué me escupes?

NEVILLE   Ojalá para ti fuera ácido y te royera la cara.

RICARDO   Jamás salió ácido de lugar tan dulce.

NEVILLE   Y jamás fue a caer en letrina más pútrida. ¡Fuera de mi vista! Me infectas los ojos. Eres una odiosa aberración de la naturaleza, un engendro podrido por dentro y por fuera. Eres feo, malvado y abyecto. Te precede el hedor a cadáver y me asqueas más que la tenia que alojas en tus entrañas y que asoma por esa boca cada vez que la abres. Antes la besaría a ella que a la sabandija que tengo delante.

RICARDO   Pero te amo.

NEVILLE   Demuéstralo y muérete aquí mismo, a los pies de mi padre.

RICARDO   Me estoy muriendo, ¿no lo ves? Mira estas lágrimas. No las vertí ni presenciando la lenta agonía de mi madre en su lecho de muerte y las vierto ahora por ti. Me consideras una bestia sanguinaria, un desalmado, pero aquí dentro late un corazón afligido por tu desprecio. No te deseo ningún mal y los sufriría todos en tu lugar si de esa forma pudiera evitártelos. Te vi por primera vez hace años, acompañando a tu padre, y entonces supe que si había una sola posibilidad en este mundo de redimir a esta fiera salvaje, esa posibilidad resplandecía en la sola visión de tu rostro. Me has comparado con un perro rabioso. Y yo te pregunto: ¿juzgarías con la misma dureza a un perro sabiendo que su conducta es fruto del miedo y el dolor acumulados durante años de encierro y maltrato? Porque ese perro soy yo, un perro apaleado, objeto de burlas desde la infancia, rechazado por mujeres de toda condición. Quise seguir un camino recto, pero la sociedad me golpeó cada vez que intenté levantar la cabeza, enfriando mi sangre y endureciendo mi corazón. Alejado de ti perdí la esperanza y provoqué de nuevo el caos, traicionando a hombres que me apreciaban. Aun así planté ese rosal, porque hasta el individuo más vil puede ser sensible a la belleza. Tus ojos fulminan al hombre que soy, pero no al que podría ser. Si estuviera en mi mano reparar lo que he roto lo haría, pero es imposible y ahora, cuando un milagro te ha traído de nuevo junto a mí, solo puedo ofrecerte un mundo y mi corazón, para que nos poseas a ambos y nos ennoblezcas.

NEVILLE   No deseo ni lo uno ni lo otro.

(RICARDO *se arrodilla ante ella.*)

RICARDO   Si tu pecho vengativo no perdona, aquí tienes mi cuchillo. Húndelo si te place en este pecho que te adora. Que se desintegre mi alma, como reclamas. Humilde y de rodillas te pido la muerte. (*Desnuda el pecho y entrega el cuchillo a* Neville.) Vamos, no vaciles, soy un asesino. Maté a tu padre pensando que servía a un bien superior. Golpea. También maté a tu amante, porque enloquecí de celos. Termina. (*Ella deja caer el cuchillo.*) Vuelve a alzar el puñal o álzame a mí.

NEVILLE Levántate, alimaña. Deseo tu muerte, pero no te ejecutaré.

RICARDO Entonces dime que me mate y lo haré.

NEVILLE Ya lo dije.

RICARDO Hablaste sin pensar. Pero dilo de nuevo y esta mano, que mató a tu amante por amor, por tu amor matará a un amante más fiel.

NEVILLE Recoge el cuchillo y guárdatelo.

RICARDO Así, ¿tengo esperanza? (Neville *no contesta.*) Dime, ¿la tengo? (Neville *duda, y ante su propia duda se estremece, dándole la espalda.*) Con la duda tengo bastante. (Ricardo *se levanta y le hunde el cuchillo en los riñones. La sostiene en pie, abrazando su cuello desde detrás, para poder hablarle al oído mientras ella muere.*) Tu padre y tu amante gimieron más que tú en el instante de su muerte. Especialmente el viejo, que se deshizo en súplicas y lamentos, perdiendo su dignidad hasta el punto de orinarse encima antes de recibir el primer tajo. Tú no has rogado por tu vida ni me hubieras perdonado. Pero durante un segundo has dudado. Ah, qué contradicción tan femenina. Esa fortaleza tan espléndida y al mismo tiempo esa debilidad tan boba que os pierde, ese ánimo redentor que os hace creer que podéis enderezar al descarriado. En un fugaz destello has imaginado la posibilidad, te has visto yaciendo conmigo en tu cama. Una visión insoportable, ¿verdad? Pero lo has concebido. Te has coronado reina por un segundo. (NEVILLE *cae de rodillas, aún viva, y* RICARDO *detrás, también de rodillas, le sigue hablando.*) Fíjate, todavía vives y sin embargo siento como si hiciera años que estuvieras muerta. Te reíste de mi elocuencia, pero mi voz seguirá resonando cuando nadie te recuerde y la arena haya sepultado para siempre tus restos fosilizados. Repoblaré este reino, pero no fundaré mi dinastía sobre un hijo bastardo, el regalo de una cualquiera que prefirió a todos antes que a mí. Medio hombres simples que a lo más que podían aspirar era a superarme en estatura. De qué gusto tan lamentable hiciste ostentación, querida. Qué falta de criterio. ¿Te preñó Richmond o fue cualquier otro? Desespera y muere con tu descendencia y llévatela al infierno sabiendo que en el último minuto dudaste, mancillando la memoria de tu padre y la de tus amantes. Tu despreciable traición es mi victoria. (NEVILLE *muere.*) No me interesa tu carne manoseada, con la duda tengo suficiente. Y tu carne la tengo de todas formas.

(*Cesa el silbido del viento y aumenta la intensi-dad de la luz. RICARDO comprende que la tor-menta de arena ha terminado y que ha salido el sol. Se oscurece el escenario y se enciende la pan-talla. El logotipo de York Media Group reluce en medio de un gran sol. Varias siluetas humanas desfilan lateralmente por delante de un fondo rojo. Según las voces de los animados locutores van hablando, las figuras se van deteniendo para quedar colocadas una al lado de la otra, de pie, en una disposición muy similar a como estaban antes los féretros. A su vez, RICARDO, con mu-cha calma, se lleva el cuerpo de NEVILLE fuera del escenario.*)

VOZ 1   ¡La suerte nos acompaña! Estábamos realmen-te preocupados por las condiciones climáti-cas. Pero la tormenta, esa terrible tormenta que, como ustedes saben, lo ha nublado todo durante dos días, ha amainado de repente.

VOZ 2   Sí, la bruma se ha esfumado como por arte de magia y la nueva remesa de colonos ha podi-do llegar a su destino sin contratiempos. Y nuestro centro de control nos confirma que ilesos y en perfecto estado de salud.

(*Aplausos pregrabados.*)

VOZ 1   Así es, una feliz llegada después de un largo viaje de más de siete meses a través del negro y gélido vacío. ¡Brrr!

Voz 2	Sin duda estarían locos por estirar un poco las piernas sobre un suelo firme.
Voz 1	¿Y quién no?
Voz 2	Seguimos en riguroso directo, aunque con los inevitables minutos de retardo debido a la distancia. Y ahora mismo estamos a la espera de recibir las primeras palabras de su comandante.
Voz 1	¿Sabemos ya de quién se trata?
Voz 2	¡Aún no! El programa encomienda esa decisión a los concursantes.
Voz 1	¡Por supuesto! Seguro que habrán hecho una magnífica elección. Cualquiera de ellos tiene capacidad para ser un líder estupendo.
Voz 2	¿Quieres que hagamos una apuesta? Yo tengo mis propias preferencias.
Voz 1	(*Ríe.*) Me encantaría, pero me temo que tendremos que posponerla, porque ahora toca desvelar una sorpresa.
Voz 2	¡No me digas!
Voz 1	Ya anunciamos que este programa viene repleto de ellas. Estamos asistiendo a la mayor aventura que jamás ha presenciado la humanidad y las sorpresas van a estar a la altura.

Voz 2   ¡Habría que estar loco para cambiar de canal!

Voz 1   ¡Loco o algo peor!

Voz 2   ¿Y de qué se trata? ¿Qué va a ocurrir ahora?

Voz 1   Todos recordamos el triste final de la primera colonia.

Voz 2   Cómo olvidarlo. Un terrible contratiempo que no volverá a suceder.

Voz 1   Así lo certifica el cien por cien de los expertos consultados. Mantenemos muy vivo el recuerdo de aquellos pioneros y su fuerza nos inspirará siempre para seguir adelante.

Voz 2   Vaya por ellos nuestro más sentido homenaje. Y desde aquí expresamos nuestro convencimiento de que su heroico sacrificio no habrá sido en balde.

Voz 1   Claro que no. Y aún diré más: esto solo puede ir a mejor. Porque la noticia que tengo reservada no te la vas a creer. Hemos esperado hasta hoy para hacerla pública: ¡hubo un superviviente!

Voz 2   ¡No me lo puedo creer!

Voz 1   ¡Como lo oyes! ¡El colono Ricardo está vivo!

           (*Aplausos pregrabados.*)

Voz 2   ¡Pero eso es increíble! ¡Tenías razón, este programa es un maravilloso carrusel de sorpresas! ¿Y cómo se encuentra?

Voz 1   Eso es lo más prodigioso. No solo se encuentra bien, sino deseoso de recibir a sus nuevos compañeros y sumarse a ellos en esta nueva edición.

(*Aplausos pregrabados.*)

Voz 2   ¡Fascinante! ¡Con lo duro que debió ser vivir la tragedia de sus compañeros y permanecer tanto tiempo solo! Su experiencia supondrá un aporte valiosísimo a los recién llegados.

Voz 1   Por no mencionar sus hallazgos. Al parecer ha descubierto cosas en esa tierra baldía que supondrán un antes y un después en la historia de la humanidad.

Voz 2   ¡No me asustes! ¿Estás hablando de… vida? Eso ya sería…

Voz 1   Perdona que te interrumpa, pero me comunican que el extenuado superviviente ha querido dirigirnos un saludo de bienvenida. ¿Podemos ofrecerla?… ¿Sí? Me dicen que sí. Mostramos un adelanto y nos vamos a publicidad. Solo dos minutos. A la vuelta, el mensaje completo y la entrada de los colonos en su nueva casa. ¡No se vayan!

(Se hace la luz sobre Ricardo. *Está de pie en medio del escenario, de espaldas a la pantalla. Vuelve a tener puesta la mascarilla de oxígeno del comienzo. Se toma su tiempo para comenzar a hablar.)*

Ricardo   Ya el invierno de nuestro descontento es verano radiante con este sol de York, y las nubes que amenazaban nuestra casa yacen en el seno profundo del abismo...

Oscuro.

Carlos Atanes
Madrid, 2014
*Texto revisado y corregido
por el autor en 2025.*

Esta primera edición de *rey de Marte. (El 18 de Brumario de Ricardo III)*,
de Carlos Atanes, terminó de imprimirse
en **septiembre** de dos mil veinticinco,
en Madrid.